W9-AIB-466

Introducción a los padres

We Both Read es la primera serie de libros diseñada para invitar a padres e hijos a compartir la lectura de un cuento, por turnos y en voz alta. Esta "lectura compartida" —que se ha desarrollado en conjunto con especialistas en primeras lecturas— invita a los padres a leer los textos más complejos en la página de la izquierda; luego, les toca a los niños leer las páginas de la derecha, que contienen textos más sencillos, escritos específicamente para primeros lectores.

Leer en voz alta es una de las actividades más importantes que los padres comparten con sus hijos para ayudarlos a desarrollar la lectura. Sin embargo, *We Both Read* no es solo leerle *a* un niño, sino que les permite a los padres leer *con* el niño. *We Both Read* es más poderoso y efectivo porque combina dos elementos claves del aprendizaje: "demostración" (el padre lee) y "aplicación" (el niño lee). El resultado no es solo que el niño aprende a leer más rápido, ¡sino que ambos disfrutan y se enriquecen con esta experiencia!

Sería más útil si usted lee el libro completo y en voz alta la primera vez, y luego invita a su niño a participar en una segunda lectura. En algunos libros, las palabras más difíciles se presentan por primera vez en **negritas** en el texto del padre. Señalar o hablar sobre estas palabras ayudará a su niño a familiarizarse con ellas y a ampliar su vocabulario. También notará que el ícono "lee el padre" ⊙ precede el texto del padre y el ícono "lee el niño" ⊙ precede el texto del niño.

Lo animamos a compartir e interactuar con su niño mientras leen el libro juntos. Si su hijo tiene dificultad, usted puede mencionar algunas cosas que lo ayuden. "Decir cada sonido" es bueno, pero puede que esto no funcione con todas las palabras. Los niños pueden hallar pistas en las palabras del cuento, en el contexto de las oraciones e incluso en las imágenes. Algunos cuentos incluyen patrones y rimas que los ayudarán. También le podría ser útil a su niño tocar las palabras con su dedo mientras lee, para conectar mejor el sonido de la voz con la palabra impresa.

¡Al compartir los libros de *We Both Read*, usted y su hijo vivirán juntos la fascinante aventura de la lectura! Es una manera divertida y fácil de animar y ayudar a su niño a leer —¡y una maravillosa manera de preparar a su niño para disfrutar de la lectura durante toda su vida!

Parent's Introduction

We Both Read is the first series of books designed to invite parents and children to share the reading of a story by taking turns reading aloud. This "shared reading" innovation, which was developed with reading education specialists, invites parents to read the more complex text and story line on the left-hand pages. Then, children can be encouraged to read the right-hand pages, which feature text written for a specific early reading level.

Reading aloud is one of the most important activities parents can share with their child to assist them in their reading development. However, *We Both Read* goes beyond reading *to* a child and allows parents to share the reading *with* a child. *We Both Read* is so powerful and effective because it combines two key elements in learning: "modeling" (the parent reads) and "doing" (the child reads). The result is not only faster reading development for the child, but a much more enjoyable and enriching experience for both!

You may find it helpful to read the entire book aloud yourself the first time, then invite your child to participate in the second reading. In some books, a few more difficult words will first be introduced in the parent's text, distinguished with bold lettering. Pointing out, and even discussing, these words will help familiarize your child with them and help to build your child's vocabulary. Also, note that a "talking parent" icon ⊙ precedes the parent's text, and a "talking child" icon ⊙ precedes the child's text.

We encourage you to share and interact with your child as you read the book together. If your child is having difficulty, you might want to mention a few things to help him. "Sounding out" is good, but it will not work with all words. Children can pick up clues about the words they are reading from the story, the context of the sentence, or even the pictures. Some stories have rhyming patterns that might help. It might also help them to touch the words with their finger as they read, to better connect the voice sound and the printed word.

Sharing the *We Both Read* books together will engage you and your child in an interactive adventure in reading! It is a fun and easy way to encourage and help your child to read—and a wonderful way to start them off on a lifetime of reading enjoyment!

A Day on the International Space Station
Un día en la Estación Espacial Internacional

A We Both Read® Book
Bilingual in English and Spanish

_____

With special thanks to the Public Affairs Department at NASA
for their review and recommendations on the material in this book

Images provided by NASA.
Text Copyright © 2018 by Larry Swerdlove
All rights reserved

We Both Read® is a registered trademark of Treasure Bay, Inc.

Published by
Treasure Bay, Inc.
P. O. Box 119
Novato, CA 94948 USA

Printed in Malaysia

Library of Congress Control Number: 2017947068

Paperback ISBN: 978-1-60115-088-2

Visit us online at:
TreasureBayBooks.com

PR-11-17

A DAY ON THE INTERNATIONAL
SPACE STATION
by Larry Swerdlove

UN DÍA EN LA
ESTACIÓN ESPACIAL
INTERNACIONAL
Traducido por Yanitzia Canetti

TREASURE BAY

Good morning, Earth • *Buenos días, Tierra*

Here on Earth we usually sleep at night and get out of bed when the sun comes up in the morning. However, an **astronaut** on the International Space Station doesn't sleep only at night, and the sun doesn't come up only once a day. When you are orbiting high above Earth, traveling over 17,000 miles an hour, the sun rises every 90 minutes!

*Aquí en la Tierra por lo general dormimos por la noche y nos levantamos de la cama cuando sale el sol por la mañana. Sin embargo, un **astronauta** en la Estación Espacial Internacional no duerme solo por la noche, y el sol no sale solo una vez al día. Cuando estás en órbita alrededor de la Tierra, viajando a más de 17 000 millas por hora, ¡el sol sale cada 90 minutos!*

Astronauts float
even while sleeping.

Los astronautas flotan
incluso mientras duermen.

Astronauts float
even while sleeping.

Los astronautas flotan
incluso mientras duermen.

Straps hold
the sleeping
bags in place.

Las correas
mantienen
las bolsas
de dormir
en su lugar.

Astronauts go to sleep in their own little bedrooms. When they live in space, this is their home away from home. These astronauts have a busy day. It's time to get out of bed!

*Los **astronautas** se van a dormir en sus propios cuartitos. Cuando viven en el espacio, este es su hogar lejos del hogar. Estos astronautas tienen un día ocupado. ¡Es hora de levantarse de la cama!*

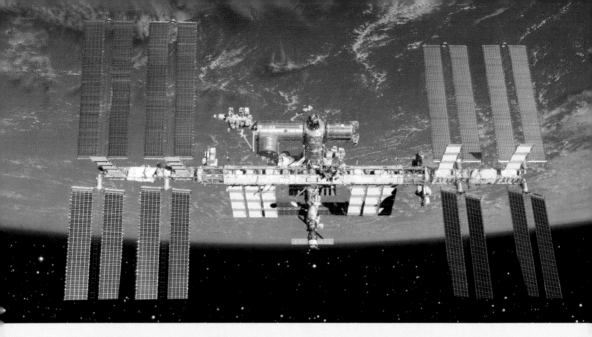

What is the International Space Station?
¿Qué es una Estación Internacional Espacial?

The International **Space Station** is a large spacecraft that orbits **Earth**. For many years, astronauts have lived and worked there. Many countries worked together to build this giant science laboratory. With huge solar panels, the space station is the size of a football field. It flies about 250 miles above Earth. That's over 30 times higher than most airplanes fly!

*La **Estación Espacial** Internacional es una gran nave espacial que orbita la **Tierra**. Durante muchos años, los astronautas han vivido y trabajado allí. Muchos países trabajaron juntos para construir este gigantesco laboratorio científico. Con enormes paneles solares, la estación espacial es del tamaño de un campo de fútbol. Vuela a unas 250 millas sobre la Tierra. ¡Eso es 30 veces más alto de lo que vuelan la mayoría de los aviones!*

Size of space station compared to a football field

Tamaño de la estación espacial en comparación con un campo de fútbol

At night, you might see the **space station** moving across the sky. From here on **Earth** it looks like a bright star. When this astronaut looks at Earth, she can see water, land, and clouds. At night, she can see lights below.

Each cluster of bright lights is a city on Earth.

Cada grupo de luces brillantes es una ciudad en la Tierra.

Por la noche, podrías ver la **estación espacial** moviéndose por el cielo. Desde la **Tierra** se ve como una estrella brillante. Cuando esta astronauta mira hacia la Tierra, puede ver agua, tierra y nubes. Por la noche, puede ver luces abajo.

Space station solar panel

Estación espacial panel solar

Illustration of a space station that was never built

Ilustración de la estación espacial que nunca se construyó

Rocket launch for Skylab in 1973

Lanzamiento de un cohete para Skylab en 1973

Salyut 7, 1982

✿ Earlier Space Stations • *Las primeras estaciones espaciales*

Even before humans went into space, scientists started designing a "space platform" where astronauts could live and work. An early design looked like a big wheel, but it was never actually built. **Russia** built the first space station. It was called Salyut (SAL-yoot). It was launched in 1971. In 1973, the **United States** created Skylab, which stayed in orbit for six years.

*Incluso antes de que los seres humanos fueran al espacio, los científicos comenzaron a diseñar una "plataforma espacial" donde los astronautas pudieran vivir y trabajar. El primer diseño parecía una rueda grande, pero nunca se construyó realmente. **Rusia** construyó la primera estación espacial. Se llamaba Salyut. Fue lanzada en 1971. En 1973, **Estados Unidos** creó Skylab, que permaneció en órbita durante seis años.*

Illustration showing outside and inside of Skylab

Ilustración que muestra Skylab por dentro y por fuera

Astronauts
working on Skylab

*Astronautas
que trabajan
en Skylab*

Rocket capsule
docked at Skylab

*Cápsula de cohete
acoplada a Skylab*

Then the **United States** and **Russia** teamed up with other countries to build a new space station. They wanted to make the biggest and best space station ever built.

*Luego los **Estados Unidos** y **Rusia** se unieron con otros países para construir una nueva estación espacial. Querían que esa estación espacial fuera la más grande y mejor construida jamás.*

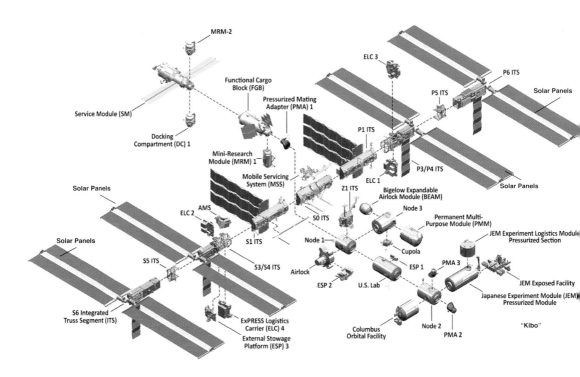

The pieces of the International Space Station have been put together in space.

Las piezas de la Estación Espacial Internacional se juntan en el espacio.

⊙ Modules and Nodes on the International Space Station
Módulos y Nodos en la Estación Espacial Internacional

The International Space Station is made up of **modules** and **nodes**. Modules are like rooms. **Nodes** connect the larger **modules** together. It is all put together like a giant toy construction set. Each piece has many openings, called hatches, which can connect to the other pieces. There are modules that are living spaces, storage units, research labs, and equipment modules.

*La Estación Espacial Internacional está formada por **módulos** y **nodos**. Los **módulos** son como habitaciones. Los **nodos** conectan los módulos más grandes. Todo está unido como un enorme juego de construcción. Cada pieza tiene muchas aberturas, llamadas escotillas, que pueden conectarse a las otras piezas. Hay módulos que son espacios para vivir, otros son unidades de almacenamiento, laboratorios de investigación y módulos de equipos.*

A **module** is about the size of a school bus. **Nodes** are much smaller. Besides **modules** and **nodes**, there are also docks. A dock is where visiting astronauts park their spaceships.

Space Shuttle docked at the space station during early construction

Un transbordador espacial se acopló a la estación espacial durante la primera fase de su construcción.

*Un **módulo** es aproximadamente del tamaño de un autobús escolar. Los **nodos** son mucho más pequeños. Además de **módulos** y **nodos**, también hay muelles. Un muelle es donde los astronautas estacionan sus naves espaciales.*

9

Launch of the Space Shuttle

Lanzamiento del
transbordador espacial

Unity node is prepared fo
launch to the space stati

El nodo Unidad está prepa
para su lanzamiento ha
la estación espacial.

⊚ How the Space Station Was Built
Cómo se construyó la Estación Espacial

The space station started small. The first module was called **Zarya** (zer-YAW). It was launched by Russian **scientists** in 1998, but **Zarya** didn't have the air and water systems needed by astronauts to live in space. A few weeks later, the United States sent the Space Shuttle *Endeavour* to deliver the second piece of the space station. It was a node called *Unity*, which was designed with six ports, so it could connect up to six modules together.

*La estación espacial era pequeña al principio. El primer módulo se llamaba **Zarya**. Fue lanzado por **científicos** rusos en 1998, pero **Zarya** no tenía los sistemas de aire y agua que los astronautas necesitaban para vivir en el espacio. Unas semanas más tarde, Estados Unidos envió el Transbordador Espacial Endeavour para entregar la segunda pieza de la estación espacial. Se trataba de un nodo llamado Unidad, que fue diseñado con seis puertos, por lo que podría conectarse hasta con seis módulos a la vez.*

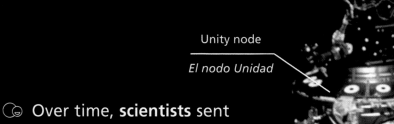

Unity node

El nodo Unidad

Over time, **scientists** sent up more parts of the space station. The pieces were put together in space. They had to fit together perfectly.

*Con el tiempo, los **científicos** enviaron más partes de la estación espacial. Las piezas se iban acoplando en el espacio. Tenían que encajar perfectamente.*

Zarya module

*El módulo **Zarya***

A special airplane and flight pattern lets astronauts experience short periods of floating in air.

Un avión especial y patrón de vuelo permite a los astronautas experimentar períodos cortos de flotación en el aire.

Training for launch into space

Entrenamiento para el lanzamiento al espaci

Training for Space • *Entrenamiento para el espacio*

Today there are over 500 astronauts in the world. They come from many places including the United States, Russia, Europe, and Japan. In the United States, future astronauts are selected and trained by NASA. The training program takes about two years to complete. During the program, astronauts spend a lot of time learning about things like navigation, astronomy, physics, computers, weather, and safety. They also have to learn how to put on a space suit, which they need to wear if they go outside the space station.

Actualmente hay más de 500 astronautas en el mundo. Provienen de muchos lugares como: Estados Unidos, Rusia, Europa, y Japón. En los Estados Unidos, los futuros astronautas son seleccionados y entrenados por la NASA. El programa de entrenamiento tarda aproximadamente dos años en completarse. Durante el programa, los astronautas pasan mucho tiempo aprendiendo sobre cosas como navegación, astronomía, física, computación, clima y seguridad. También tienen que aprender a ponerse un traje espacial, que deben usar si salen de la estación espacial.

How long does it take you to get dressed? Getting into a space suit is tricky. This astronaut is learning how to put on his space suit. It takes him about 20 minutes to put everything on

¿Cuánto tiempo te toma vestirte? Entrar en un traje espacial es complicado. Este astronauta está aprendiendo cómo ponerse su traje espacial. Tarda unos 20 minutos en ponérselo todo.

Space suits weigh about 300 pounds!

¡Los trajes espaciales pesan alrededor de 300 libras!

13

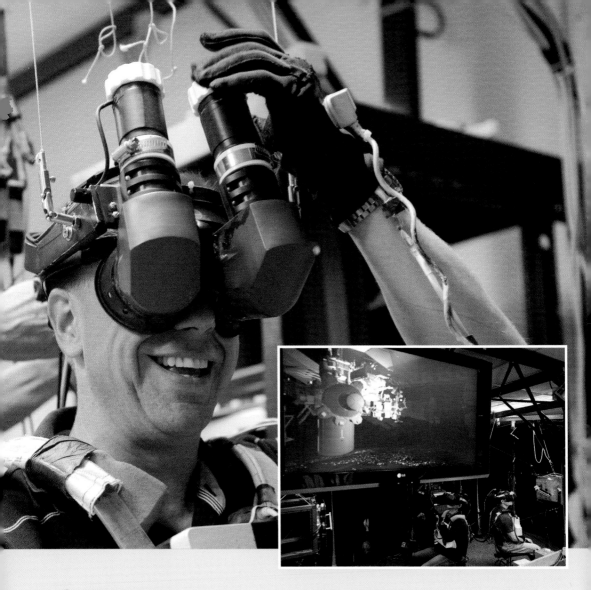

Do you like playing video games? Well, these astronauts spend many hours practicing on simulators, which are like very fancy video games. In order to **practice** what it is like to work in space, astronauts spend weeks in the Virtual Reality Lab in Houston, Texas, which has the coolest "games" on Earth! Each "game" lasts three to eight hours.

¿Te gusta jugar videojuegos? Bueno, estos astronautas pasan muchas horas practicando en simuladores, que son como videojuegos muy sofisticados. Para **practicar** *lo que es trabajar en el espacio, los astronautas pasan semanas en el laboratorio Virtual Reality (realidad virtual) en Houston, Texas, que tiene los mejores "juegos" de la Tierra! Cada "juego" dura de tres a ocho horas.*

This astronaut is practicing what he may have to do during a spacewalk outside the space station.

Este astronauta está practicando lo que tal vez tenga que hacer durante una caminata espacial fuera de la estación espacial.

To **practice** floating in space, astronauts use a huge swimming pool. There are full-size models of space station parts in the water. Astronauts can practice fixing things while floating.

*Para **practicar** cómo flotar en el espacio, los astronautas utilizan una enorme piscina. En el agua hay modelos de tamaño completo de las partes de la estación espacial. Los astronautas pueden practicar cómo arreglar cosas mientras flotan.*

15

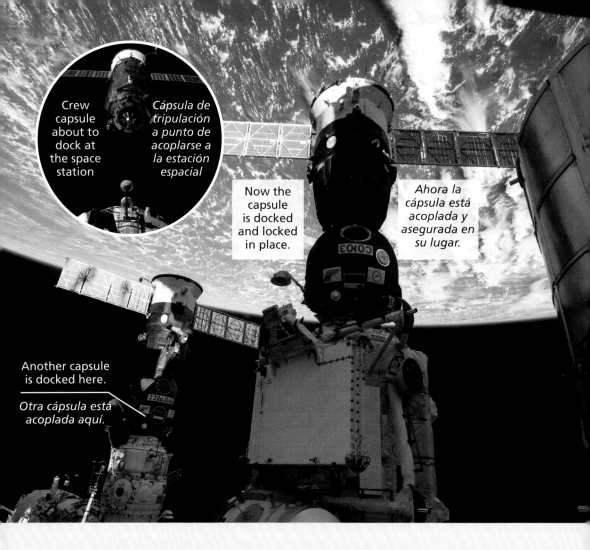

Crew capsule about to dock at the space station

Cápsula de tripulación a punto de acoplarse a la estación espacial

Now the capsule is docked and locked in place.

Ahora la cápsula está acoplada y asegurada en su lugar.

Another capsule is docked here.

Otra cápsula está acoplada aquí.

☺ Getting to the International Space Station
Cómo llegar a la Estación Espacial Internacional

Every few months, new astronauts are flown up to the International Space Station. It takes about six hours to reach the space station from Earth. Docking the capsule with the space station is not easy when you're traveling over 17,000 miles per hour. Each astronaut will spend several months living and working in space.

Cada pocos meses, se envían nuevos astronautas a la Estación Espacial Internacional. Se tarda unas seis horas en llegar a la estación espacial desde la Tierra. Acoplar la cápsula a la estación espacial no es fácil cuando estás viajando a más de 17 000 millas por hora. Cada astronauta pasará varios meses viviendo y trabajando en el espacio.

When the capsule comes back to Earth, a parachute helps to slow its descent.

Cuando la cápsula regresa a la Tierra, un paracaídas ayuda a reducir la velocidad de su descenso.

A capsule has landed in the middle of a farm.

Una cápsula ha aterrizado en medio de una granja.

It may take six hours to get to the space station, but it only takes a little more than three hours to return home. That's faster than it takes to fly across the United States in a plane.

Puede tomar seis horas llegar a la estación espacial, pero solo tarda un poco más de tres horas regresar a casa. Eso es menos de lo que se necesita para atravesar volando los Estados Unidos en un avión.

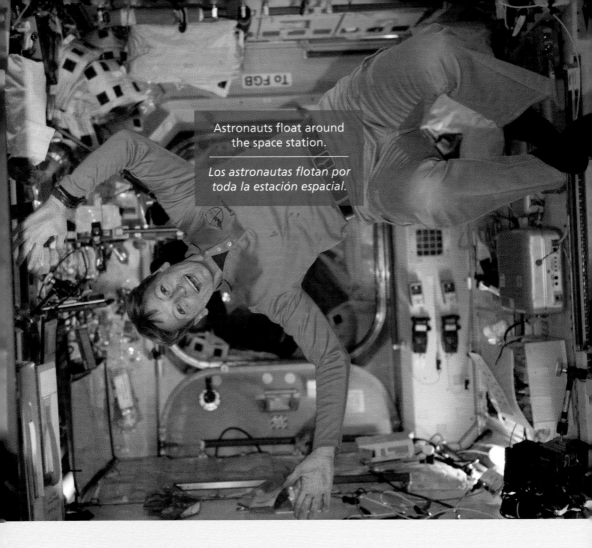

Astronauts float around
the space station.

*Los astronautas flotan por
toda la estación espacial.*

⊙ **Weightlessness • *Ingravidez***

There are no ceilings or floors on the International Space Station. That's because there is no up or down in space. There isn't any normal **gravity** to hold a person down, so astronauts don't have to walk–instead, they can fly! Without gravity, astronauts can pick up things that weigh hundreds of pounds on Earth. And they can do it with just one hand!

*No hay techos o pisos en la Estación Espacial Internacional. Eso se debe a que no hay arriba o abajo en el espacio. No hay ninguna **gravedad** normal para atraer a una persona, por lo que los astronautas no tienen que caminar, ¡sino que pueden volar! Sin gravedad, los astronautas pueden recoger cosas que pesan cientos de libras en la Tierra. ¡Y lo pueden hacer con una sola mano!*

It's hard for this astronaut to keep her hair neat. She could try brushing it, but without **gravity** it will not stay down. It will just fly around. Gravity is what keeps everything from floating around on Earth.

*Es difícil para esta astronauta mantener su cabello arreglado. Podría tratar de cepillarlo, pero sin **gravedad** no se quedará abajo. Solo volará por dondequiera. La gravedad es lo que evita que todo flote alrededor de la Tierra.*

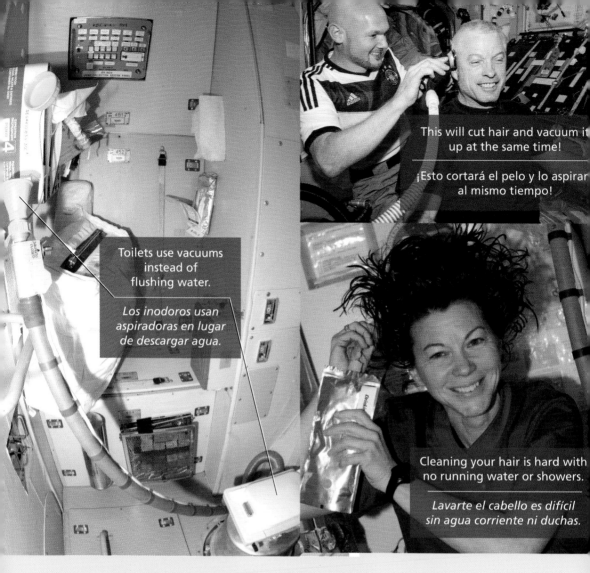

This will cut hair and vacuum it up at the same time!

¡Esto cortará el pelo y lo aspirar al mismo tiempo!

Toilets use vacuums instead of flushing water.

Los inodoros usan aspiradoras en lugar de descargar agua.

Cleaning your hair is hard with no running water or showers.

Lavarte el cabello es difícil sin agua corriente ni duchas.

☺ The Bathroom • El aseo

Cleaning up in the morning can be a challenge in space. Astronauts are given a kit with everything they need, including a toothbrush, **toothpaste**, and a hair brush. There are no faucets with running water because the water wouldn't flow down. It would just float around. So washing is done with a soapy towel.

*El aseo matutino puede ser un desafío en el espacio. Los astronautas reciben un kit con todo lo que necesitan, que incluye un cepillo de dientes, **pasta de dientes** y un cepillo para el cabello. No hay grifos con agua corriente porque el agua no fluiría hacia abajo. Simplemente flotaría por todas partes. Así que el aseo se hace con una toalla enjabonada.*

You can't spit out the toothpaste!

¡No puedes escupir la pasta de dientes!

Without a sink, these astronauts have to swallow their **toothpaste** or spit it into a towel when they are finished brushing. All of their things have to be strapped down so they don't float away.

*Sin un lavabo, estos astronautas tienen que tragarse su **pasta de dientes** o escupir en una toalla cuando se terminan de cepillar. Todas sus cosas tienen que atarse para que no floten.*

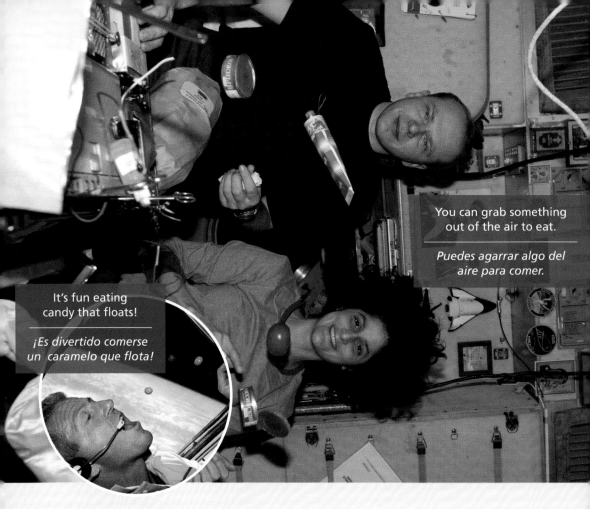

It's fun eating candy that floats!

¡Es divertido comerse un caramelo que flota!

You can grab something out of the air to eat.

Puedes agarrar algo del aire para comer.

The Galley • *La galera*

It's breakfast time! Food is served in the galley–an open area where the crew shares meals together. Most of the food is stored in little pouches and doesn't need much preparation. Coffee and juice are also served in pouches because liquids float around the room in bubbles. Sometimes it's hard to resist playing with your food when it's floating around you.

¡Es la hora del desayuno! La comida se sirve en la cocina, una zona abierta donde los tripulantes comparten los alimentos. Casi toda la comida se almacena en pequeñas bolsas y no necesita mucha preparación. El café y el jugo también se sirven en bolsas porque los líquidos flotan alrededor de la habitación en burbujas. A veces es difícil aguantarse las ganas de jugar con los alimentos cuando están flotando por todas partes.

Drinks come in pouches.

Las bebidas vienen en bolsas.

Meals float, so you can't use a plate.

Los alimentos flotan, así que no puedes usar un plato.

Astronauts are allowed to bring some of their favorite foods from Earth. Some bring noodles. Others bring cookies. One astronaut even brought a jar of peanut butter. What kind of food would you bring to the space station?

A los astronautas se les permite traer algunos de sus alimentos favoritos de la Tierra. Algunos traen fideos. Otros traen galletas. Un astronauta incluso trajo un tarro de mantequilla de maní. ¿Qué tipo de comida traerías a la estación espacial?

This is what the Cupola looks like from outside the space station.

Así es como se ve la Cúpula desde fuera de la estación espacial.

◉ The Cupola • La cúpula

The Cupola (KYOO-puh-luh) is a small room with a lot of windows. It's a favorite place for astronauts to relax when they aren't doing experiments or fixing things. From the Cupola astronauts can watch the weather on Earth change from day to day.

La Cúpula es una pequeña habitación con muchas ventanas. Es el lugar favorito de los astronautas para relajarse cuando no están haciendo experimentos o arreglando las cosas. Desde la Cúpula los astronautas pueden ver cómo cambia el clima en la Tierra día a día.

This astronaut is watching the ocean below her. It won't be long before she sees land again. However, astronauts don't have a lot of time to stare out windows. They are here to work!

Esta astronauta mira el océano debajo de ella. No pasará mucho tiempo sin que vea tierra otra vez. Sin embargo, los astronautas no tienen mucho tiempo para mirar a través de las ventanas. ¡Ellos están aquí para trabajar!

It's a great view of Earth from up here!

¡Hay una gran vista de la Tierra desde aquí!

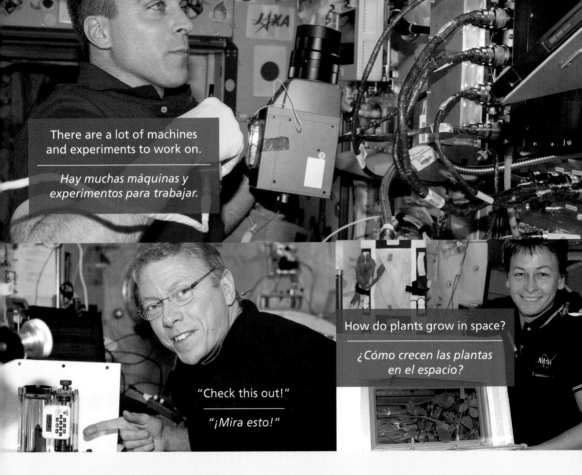

There are a lot of machines and experiments to work on.

Hay muchas máquinas y experimentos para trabajar.

How do plants grow in space?

¿Cómo crecen las plantas en el espacio?

"Check this out!"

"¡Mira esto!"

Research on the International Space Station
Investigación sobre la Estación Espacial Internacional

These astronauts are conducting **experiments** in the biggest module on the station. The **Kibo** (KIH-boh) module was built in Japan as a scientific laboratory. Scientists from all over the world send experiments to the space station to test their ideas and learn how life is different in space. Some study plants. Others study how the weather works. Some even study how ants behave without gravity.

*Estos astronautas están llevando a cabo **experimentos** en el módulo más grande de la estación. El módulo **Kibo** se contruyó en Japón como un laboratorio científico. Científicos de todo el mundo envían experimentos a la estación espacial para probar sus ideas y conocer cuán diferente es la vida en el espacio. Algunos estudian las plantas. Otros estudian cómo funciona el clima. Algunos incluso estudian cómo se comportan las hormigas sin gravedad.*

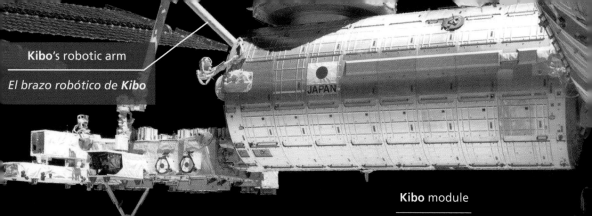

Kibo module

El módulo **Kibo**

Astronauts can be strapped to the end of the Canadarm2 and moved to areas that need repairs.

Los astronautas se pueden sujetar al extremo del Canadarm2 y trasladarse a áreas que necesitan reparaciones.

Kibo is the biggest module on the space station. Many **experiments** are done inside and outside this module. Kibo has a 32-foot-long robotic arm that is used for working outside the station. Another robotic arm, called the Canadarm2, is 57 feet long.

*Kibo es el módulo más grande de la estación espacial. Muchos **experimentos** se realizan dentro y fuera de este módulo. Kibo tiene un brazo robótico de 32 pies de largo que se utiliza para trabajar fuera de la estación. Otro brazo robótico, llamado el Canadarm2, tiene 57 pies de largo.*

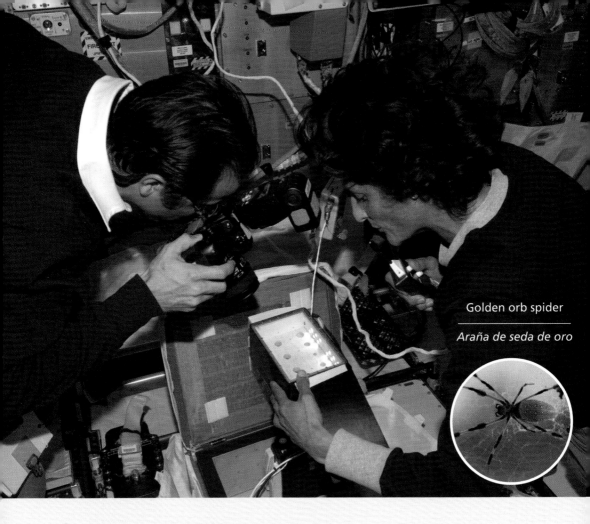

Golden orb spider

Araña de seda de oro

⊜ Experiments in the Space Station
Experimentos en la Estación Espacial

These astronauts are learning how spiders jump in space. The idea came from a teenager in Egypt. Many school children send their ideas to the scientists on the space station. Do you have an idea for a space experiment? Someday humans will travel to places far from Earth. To see how space affects the human body, a lot of experiments are done on the astronauts themselves.

Estos astronautas están observando cómo saltan las arañas en el espacio. La idea vino de un adolescente de Egipto. Muchos escolares envían sus ideas a los científicos de la estación espacial. ¿Tienes una idea para un experimento espacial? Algún día los seres humanos viajarán a lugares lejanos de la Tierra. Para ver cómo el espacio afecta al cuerpo humano, se hacen muchos experimentos en los mismos astronautas.

Do you think it is easier or harder to work while floating?

¿Crees que es más fácil o más difícil trabajar mientras flotas?

Learning how to live in space for a long time is important. Because there is no gravity in space, astronauts don't use their muscles very much. This can make them very weak.

Es importante aprender a vivir en el espacio durante mucho tiempo. Debido a que no hay gravedad en el espacio, los astronautas no utilizan mucho sus músculos. Esto puede hacer que se hagan débiles.

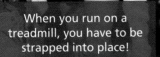

When you run on a treadmill, you have to be strapped into place!

¡Cuando corres en un andador, tienes que atarte al lugar con una correa!

⊙ Exercise Is Important
Los ejercicios son importantes

To fight against bone and muscle loss, every astronaut has to exercise about two hours a day. Although they are inside the spacecraft, they can ride a **stationary** bike, run on a treadmill, or even pump some iron. Scientists have developed equipment that can work in weightlessness. Some of the equipment requires seat belts.

*Para luchar contra la pérdida de huesos y músculos, cada astronauta tiene que hacer ejercicio unas dos horas al día. Aunque están dentro de la nave espacial, pueden montar una bicicleta **estacionaria**, correr en un andador, o incluso levantar pesas. Los científicos han desarrollado equipos que pueden funcionar en la ausencia de gravedad. Algunos de los equipos requieren cinturones de seguridad.*

On the space station there is no up or down, no ceilings or floors. So in this photo, it only looks like this astronaut is riding a **stationary** bike upside down.

*En la estación espacial no hay arriba o abajo, ni techos o pisos. Así que en esta foto, solo parece que este astronauta está montando una bicicleta **estacionaria** al revés.*

This astronaut can use his jetpack to get back to the space station.

Este astronauta puede usar su mochila-cohete para regresar a la estación espacial.

⊙ Spacewalks • *Caminatas espaciales*

Spacewalks are done in order to install new equipment, make repairs, and do experiments on the outside of the space station. Astronauts need space suits to keep them safe and comfortable when they are not inside the spacecraft. The huge backpack provides power, oxygen, and water. There is also a jetpack in case they get separated from the space station.

Las caminatas espaciales se realizan para instalar nuevos equipos, hacer reparaciones y hacer experimentos en el exterior de la estación espacial. Los astronautas necesitan trajes espaciales para mantenerse seguros y cómodos cuando no están dentro de la nave espacial. La enorme mochila proporciona energía, oxígeno y agua. También tienen un jetpack o mochila-cohete en caso de que se desconecten de la estación espacial.

☺ Outside the space station there is no air. If the sun is out, it is too hot. When it gets dark, it is too cold. Space suits protect the astronauts and keep them safe during spacewalks.

Fuera de la estación espacial no hay aire. Si sale el sol, hay demasiado calor. Cuando oscurece, hay demasiado frío. Los trajes espaciales protegen a los astronautas y los mantienen seguros durante las caminatas espaciales.

You can see a lot of land and oceans from the space station.

Puedes ver una gran extensión de tierras y océanos desde la estación espacial.

For safety, astronauts stay connected to the space station.

Por seguridad, los astronautas permanecen conectados a la estación espacial.

This astronaut's
feet are strapped
to this robotic arm.

*Los pies de este
astronauta están
atados a este
brazo robótico.*

Today's job is to repair one of the solar panels. The panels hold more than 250,000 solar cells. They supply all the power for the International Space Station and must be pointed toward the sun at all times. Astronauts strap their feet onto the long robotic arm in order to reach the part of the space station that needs work.

El trabajo de hoy es reparar uno de los paneles solares. Los paneles contienen más de 250 000 celdas solares. Ellos suministran toda la energía para la Estación Espacial Internacional y deben apuntar hacia el sol en todo momento. Los astronautas atan sus pies en el largo brazo robótico para alcanzar la parte de la estación espacial que necesita reparación.

Entrance to an airlock to get back into the space station

Entrada a una cámara de descompresión para volver a la estación espacial.

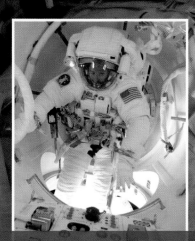

Astronaut coming out of the airlock

Astronauta que sale de la cámara de descompresión.

Very soon the sun will set again. When the sun is hidden behind Earth, it gets very cold and dark outside the space station. Now that the repair is done, it's time to go back inside.

Muy pronto el sol volverá a ponerse. Cuando el sol se esconde detrás de la Tierra, se pone muy frío y oscuro fuera de la estación espacial. Ahora que ya se hizo la reparación, es hora de volver adentro.

🔊 The Robonaut • *El Robonauta*

It can be dangerous working outside of the space station. The temperatures are extreme and there's lots of radiation. There is even space junk flying around that could harm an astronaut. To make working in space safer, NASA and General Motors developed the **Robonaut**, a life-size humanoid robot. The **Robonaut** can be controlled by astronauts like a remote-controlled puppet.

Puede ser peligroso trabajar fuera de la estación espacial. Las temperaturas son extremas y hay mucha radiación. Incluso hay chatarra espacial volando alrededor que podría lastimar a un astronauta. Para hacer más seguro el trabajo en el espacio, la NASA y General Motors desarrollaron el **Robonauta**, *un robot humanoide de tamaño natural. Los astronautas pueden controlar al* **Robonauta** *como si fuera un títere a distancia.*

The **Robonaut** can grab a tool, build things, and do all kinds of tasks. Someday the **Robonaut** may do a lot of the dangerous jobs that astronauts now do.

*El **Robonauta** puede agarrar una herramienta, construir cosas y hacer todo tipo de tareas. Puede que un día el **Robonauta** haga muchos de los trabajos peligrosos que los astronautas hacen ahora.*

These astronauts aren't really upside down. They're just floating in the space station!

Estos astronautas no están realmente al revés. ¡Están flotando en la estación espacial!

Astronauts Wanted • *Se necesitan astronautas*

An astronaut's job is very important. Every day, Mission Control plans each astronaut's work schedule. The work that is done in space will help people on Earth prepare for the future. Experiments done on the International Space Station will lead to new discoveries that will help in medical treatments, protecting Earth's environment, and future space travel.

El trabajo de un astronauta es muy importante. Cada día, Misión Control planifica el horario de trabajo de cada astronauta. El trabajo que se hace en el espacio ayudará a las personas en la Tierra a prepararse para el futuro. Los experimentos realizados en la Estación Espacial Internacional conducirán a nuevos descubrimientos que ayudarán en tratamientos médicos, protección del medio ambiente de la Tierra y futuros viajes espaciales.

The space station may be the first step to getting humans back to the Moon and someday to Mars. What we learn on the space station can help make that all possible.

La estación espacial puede ser el primer paso para que los humanos regresen a la Luna y algún día a Marte. Lo que aprendemos en la estación espacial puede ayudar a hacer todo eso posible.

This is one idea of what a space station on Mars might look like.

Esta es una idea de cómo sería una estación espacial en Marte.

Good Night, Earth • *Buenas noches, Tierra*

All **people** need to sleep, and at the end of the day the astronauts return to their sleep stations. They have to strap themselves in so they don't float away while they sleep. This astronaut has already seen 11 sunrises today, and there will be 5 more while he sleeps. **Imagine** that!

*Todas las **personas** necesitan dormir, y al fin del día los astronautas regresan a sus estaciones de dormir. Ellos tienen que atarse a sí mismos para no salir flotando mientras duermen. Este astronauta ya ha visto 11 amaneceres, y habrá 5 más mientras duerme. ¡**Imaginas** eso!*

40

All kinds of **people** become astronauts: doctors, teachers, pilots, people who like math and science, and others. They are people who like adventure and want to do something important. Maybe someday you could become an astronaut. **Imagine** that!

Personas de cualquier profesión pueden hacerse astronautas: médicos, maestros, pilotos, gente que les gustan las matemáticas y la ciencia, y otros. Son personas que les gusta la aventura y quieren hacer algo importante. Tal vez algún día puedas convertirte en astronauta. ¡Imagínalo!

If you would like to learn more about the International Space Station or see what's new, you can talk with your parents or teachers about going to these websites:

Si deseas obtener más información sobre la Estación Espacial Internacional o ver qué hay de nuevo, puedes hablar con tus padres o maestros sobre cómo visitar estos sitios en la Internet:

http://www.nasa.gov/mission_pages/station/research/ops/research_student.html

http://iss.jaxa.jp/kids/en/

http://www.sciencekids.co.nz/sciencefacts/space/internationalspacestation.html

http://www.esa.int/esaKIDSen/

The web address below is for a page on the NASA website that has video tours of the space station:

Tambien puedes visitar esta página web donde se ven videos adentro de la Estación Espacial Internacional:

https://www.nasa.gov/mission_pages/station/main/suni_iss_tour.html

---

The web addresses above were active at the time of publication. We apologize if any of them are no longer active.

Las páginas web de arriba estaban activas al tiempo de publicación de este libro. Por favor disculpenos si es que algunas ya no esten activas.

If you liked **A Day on the International Space Station,** here are some other We Both Read® books you are sure to enjoy!

*Si te gustó **Un día en la Estación Espacial Internacional,** hay aquí otros libros de la serie We Both Read ¡que seguro vas a disfrutar!*

To see all the We Both Read books that are available, just go online to **www.WeBothRead.com**.

Para ver todos los libros disponibles de la serie We Both Read, visite www.webothread.com.